MW00413396

Misterio

 Bruño

Don Caracol Detective

José Francisco Viso

Ilustración
Agustí Asensio

Taller de lectura
Nieves Fenoy

© Grupo Editorial Bruño, S. L. 1991.
    Juan Ignacio Luca de Tena, 15. 28027 Madrid
© José Francisco Viso Sánchez

Dirección editorial
Trini Marull

Edición
Cristina Gónzález
Begoña Lozano

Preimpresión
Mar Morales
Francisco González

Diseño
Inventa Comunicación

Primera edición: marzo 1991
Vigésima tercera: abril 2008

ISBN: 978-84-216-9384-1
D. legal: M. 20736–2008
Impresión: Gráficas Rógar, S. A.

Printed in Spain

José Francisco Viso

El autor

- Nació en Córdoba, el 29 de octubre de 1961.

- Estudió Magisterio, especialidad de Filología Francesa, en la Escuela Universitaria de Profesorado de EGB de Córdoba.

- Ha trabajado como profesor en numerosos colegios públicos de Andalucía.

- En la actualidad es coordinador del Centro de Educación de Adultos de Almodóvar del Río (Córdoba).

- Desde el año 1989 es director/fundador de la revista cultural *Carbula*.

- En 1990 se le concedió el premio regional de Innovación Educativa *Prensa-Escuela*.

Para ti...

Cuando era niño me gustaba imaginar
que era astronauta o marino,
caballero de la Edad Media o gladiador...

Después crecí y me encontré inmerso
en el mundo de los adultos.
En él todos los juegos estaban inventados,
con sus reglas para vencedores y vencidos.

Un día, mientras los adultos jugaban a que nunca
ocurría nada, decidí leer un libro; lo abrí y,
apenas había comenzado, sentí que viajaba
y sorteaba miles de peligros y rescataba
a la princesa del castillo. Me gustó tanto
que al día siguiente leí otro libro y otro más.

Cuando leí tantos que juntos, no cabían
en la habitación, me puse frente al papel
y dejé volar la imaginación.

Escribí mi historia pensando en ti: sin tu ayuda,
ninguno de los personajes cobraría vida.
¿Quieres jugar conmigo?

José Fco. Niño Sánchez

*A Charo, Miriam Laura
y José Francisco.*

1

En el claro
del bosque

AQUELLA tarde el sol lucía
tímidamente, escondido
entre nubes. Sus débiles rayos
apenas llegaban a reflejarse
sobre la superficie verdosa de la charca.
El agua permanecía en calma.
La quietud de las plantas acuáticas
era completa. El aliso y el álamo gris,
firmes en una de sus orillas,
aparentaban dos imponentes centinelas.

Todo hacía presagiar una paz bucólica,
como si la vida en esa parte
del bosque se hubiera detenido
y sus moradores se hallaran presos
de un profundo sueño.

Un rumor de pisadas en la hojarasca rompió la monotonía. Provenían de los arbustos y matorrales cercanos, de los que también llegaban vóces cada vez más próximas. Una variopinta comitiva hizo su aparición en el terreno enfangado donde comenzaban a crecer las cañas.

—¡Es insoportable! —llegó diciendo el Topo, enjugándose el sudor de la cara con un pañuelo.

—¡En mi vida conocí otra cosa igual! —confirmó la señora Musaraña, indignada.

—¡Ni yo tampoco! —añadió la Lombriz de tierra, que tenía la costumbre de dar la razón a todo el mundo, sobre todo si se trataba de alguien que pudiera comérsela.

—Desde luego, tú seguro que
no lo has visto —se burló el Saltamontes
cruzando los brazos sobre el pecho—.
¿Cómo ibas a hacerlo si no tienes ojos?

—¡Muy gracioso! —le recriminó la
aludida Lombriz—. Pues para que te
enteres, no tengo ojos pero sí oídos
y lo escucho todo.

—¿Debajo de tierra?

—Sí... ¡señor Saltamontes! Debajo de
tierra. Sé cuándo pasas tú porque el
suelo vibra con tus saltos de canguro,
¡plam, plam...!, y cuando se acerca don
Topo, por ejemplo, porque arrastra una
pata y de vez en cuando se golpea con
el tronco de una planta: «¡Croc! ¡Ay!».

—¿Que yo tropiezo? ¿Cómo puedes
mentir tan descaradamente?
—interrumpió el señor Topo, molesto
por las risas de todos los presentes—.
¡Te creía mi amigo!

—¡Y lo soy! ¡Sabes que no miento!
Es verdad que ahora no tropiezas tanto
desde que te graduó la vista el doctor
Búho y te obligó a llevar esas gafas
de miope. Pero antes de eso...

—¡Antes tampoco lo hacía!

—Bueno, hombre. No tienes por qué
enfadarte. Sólo era un comentario,
—trató de disculparse finalmente
la Lombriz.

—Bastante desafortunado, por cierto
—intervino la Mariposa de la col,
desplegando sus alas blancas
sobre una hoja.

—Pues yo creo que no ha sido con mala
intención... —dijo la Culebra.

—¡Claro! —dijo el Saltamontes—,
usted defiende a la Lombriz porque
es pariente lejana suya y la familia ya
se sabe que se une en estos casos.

—¿Cómo se atreve a decir eso?
¿Pretende llamarme encubridora
o mentirosa? ¡Qué desfachatez!
—exclamó, indignada, la Culebra—.
Debería comérmelo ahora mismo y...
¡Quién sabe si no lo haré todavía!

—No... No... No se atreverá a hacerlo
delante de todo el mundo...
—tartamudeó, atemorizado, el insecto.

—¿Quiere averiguarlo? —preguntó el
reptil, adelantándose y sacando su
lengua bífida como para relamerse.

—¡Socorrooooo! ¡Quieren asesinarme!
—gritó el Saltamontes, huyendo
despavorido.

Pronto la reunión espontánea
de los habitantes de la charca fue
una pura discusión. Gritos, carreras,
unos que defendían al aterrado
Saltamontes y otros que daban
la razón a la Culebra.

Se armó tal escándalo que acudieron desde la otra orilla la Libélula, don Sapo, la Cochinilla, el Ratón de agua, el Erizo y la presumida de doña Salamandra, con su nuevo vestido de color amarillo y manchas oscuras, modelo tritón.

—¡Caramba! ¡Qué interesante! —dijo esta última—. Es la primera vez que nos reunimos desde hace meses. Solo falta don Caracol para que estemos todos. ¡Ah, don Caracol! —exclamó con gesto romántico—. ¡Tan galante! ¡Tan inteligente! ¡Él sí que sabe tratar a una dama!, y no esta pandilla de... de...

—Pues habrá que avisarle —le interrumpió el Ratón—, a ver si él pone fin a esta absurda discusión.

—Iré yo, que soy más rápida y lo traeré volando en mis brazos —susurró la Libélula, la cual también sentía admiración secreta por el Caracol.

—Me parece que te vas a quedar con las ganas —respondió la Salamandra—. Ya no hace falta que vayas. Acaba de aparecer entre los juncos y, si mis cálculos no fallan, estará aquí en el claro dentro de aproximadamente cinco minutos.

Don Caracol pasaba por ser algo así como un sabio local, siempre encerrado en casa leyendo o consultando viejas enciclopedias mientras fumaba su pipa.

—¡Vamos, vamos! —dijo casi sin aliento al llegar al claro—. ¿Qué ocurre aquí?

Por favor... ¿Puede decirme alguien cuál
es la razón de este alboroto?
Me disponía a tocar el violín
cuando comenzaron
a escucharse
los gritos.

El respeto que sentían hacia él obligó
a guardar silencio. Bajaron la mirada y
ninguno se atrevió a abrir la boca. Don
Caracol-Col tomó de nuevo la palabra:

—¿Es que habéis perdido el juicio?
¿Por qué discutís de ese modo?
¡Os creía más sensatos!

—Es que la Lombriz dijo una cosa muy fea
de don Topo —acusó alguien.

—¡No es cierto! —se defendió la
aludida.

—¡Sí que lo es!

—...Y a mí quisieron asesinarme
—concluyó, lamentándose,
el Saltamontes.

—¡Basta ya! —medió don Caracol-Col—.
Me parece que estamos muy nerviosos
hoy, y si no nos calmamos, no
solucionaremos nada. Veamos esto
con tranquilidad: señora Lombriz...

—Señor Lombriz, si no le importa,
profesor —corrigió.

—¿Cómo dice? —preguntó don
Caracol—. No le comprendo.

—Trata de decirle que no es una señora,
sino un señor Lombriz de tierra.
Se llama Eustaquio —aclaró
don Topo— y hasta hace un momento
era mi mejor amigo.

—Perdone, Eustaquio. No era mi intención ofenderle —se disculpó, avergonzado, el sabio.

—No tiene importancia, don Caracol-Col. Usted no lo sabía.

—Bien, pues entonces continuemos: señor Lombriz, ¿qué tiene que decirnos de todo este feo asunto?

—No sé muy bien qué ha pasado... Creo que todo empezó por algo que dije —confesó Eustaquio—. Comenté que don Topo tropezaba porque no ve, pero con ello no pretendía burlarme de él. Somos amigos y siempre nos hemos respetado. Solo puedo decir que siento lo que ha ocurrido.

—Muy bien —volvió a tomar la palabra don Caracol-Col—. Ya ve, señor Topo: creo que esto es una buena disculpa, ¿no le parece?

—Todo fue, entonces, un malentendido —reconoció don Topo—. Pensé que Eustaquio quería tomarme el pelo y ahora veo que estaba equivocado... Fui un mal pensado y pido disculpas a todos, especialmente a él. Eustaquio: ¿Te parece bien que nos abracemos?

El señor Lombriz, claro está, aceptó. Se abrazaron y, contagiados por ellos, todos los presentes hicieron lo propio, incluidos la Culebra y el Saltamontes.

—Pero prométame que no me comerá —decía este último.

—Le doy mi palabra de reptil.

—No sé... No me fío mucho de sus ojos amarillos: ¿y si cambia de opinión?

—¡Vamos, no sea usted pesado, don Saltamontes! Le he dicho que no le haré daño. ¡Venga un abrazo!

—Está bien, pero no apriete demasiado, que soy muy sensible.

Aquello acabó bien por el momento. Volvieron las sonrisas y una cierta tranquilidad reinaba en el ambiente.

Don Caracol-Col solicitó, una vez más, la atención de los presentes:

—Queridos amigos, permitidme que os interrumpa... Acabamos de solucionar un problema, pero quisiera exponeros algo mucho más grave que me preocupa.

Volvió a reinar el silencio en la charca.
Incluso los minúsculos Zapateros
dejaron de patinar sobre el agua
y se detuvieron a escuchar.

—Como ya sabéis —prosiguió—, se
acerca el invierno. El frío y las heladas
van a traer gran escasez de alimentos;
así que la mayoría de nosotros hemos
trabajado con tesón en el verano para
que no nos falte algo que comer
durante los meses fríos. Por estas
fechas las despensas del Ratón,
de don Topo o de las Hormigas
están ya repletas…

—Querrá decir mejor que «estaban repletas» —interrumpió malhumorado don Topo—. Alguien se ha encargado de vaciarlas.

—¿Cómo? ¿También a vosotros os ha ocurrido? —interrogó extrañado el sabio—. Precisamente, es de los robos de lo que os quería hablar.

—¡Claro, profesor! ¿Por qué cree que nos habíamos reunido? Vinimos todos a presentar nuestras quejas —advirtió la Musaraña.

—¡Vaya, vaya! Esto sí que no lo esperaba. ¿Qué estará ocurriendo? ¡Tarde o temprano tendremos que averiguarlo! —sugirió el profesor.

—Quizá usted mismo, don Caracol-Col, que es un sabio, podría intentarlo —dijo la Salamandra.

—¿Quién...? ¿Yo? —se extrañó este.

—¡Pues claro! ¿Cómo no se nos ocurrió antes? Nadie mejor que él para atrapar a ese desvergonzado —confirmó, entusiasmada, la Libélula.

—¡Pero si yo no tengo ni idea de atrapar ladrones! —se excusó don Caracol—. Además, no sabría por dónde empezar.

—Por favor, profesor —rogó la Rana—. Usted tiene muchos libros. En ellos puede encontrar ayuda. Creo recordar que tiene uno que habla de detectives. Me lo confesó el otro día.

—No es un libro de detectives exactamente... —le corrigió—. Son las memorias de un antepasado mío que llegó a resolver algunos casos muy difíciles. Se llamaba Carlos; Carlos-Col. Vivía en Londres.

—Bueno, profesor, pues por ahí puede empezar. ¿Qué es lo primero que hizo él? —insistió su interlocutora.

—Buscarse un ayudante. En realidad, más que eso, era su amigo:
el Castor Guason.

—Bien... ¿pues a qué espera?
Elija a uno de nosotros para
ser su compañero.
Va a necesitar ayuda.

—Tiene usted razón, doña Rana —se autoconvenció este—. Alguien
debe tomar cartas en el asunto.
¡Acepto el caso si nadie se opone!
¿Quién se presta voluntario
para acompañarme?

Apenas hubo dicho estas palabras
don Caracol-Col cuando empezaron
las miradas extrañas y las excusas
de los presentes:

—Yo no puedo porque tengo un dolor de espalda tremendo y no haría más que retrasarle en sus investigaciones.

—A mí las gafas nuevas me molestan todavía. No veo muy bien con ellas. Reconozco que sería un estorbo.

—Yo tampoco puedo porque me duele la tripa.

—Yo me he pillado un dedo con la puerta al salir de casa y me molesta cuando corro... Lo siento, pero no puedo acompañarle.

Así, uno tras otro fueron disculpándose. Solo uno de ellos no dijo nada y, claro, al final todas las miradas le señalaron como el futuro acompañante del sabio-detective.

—¿Por qué me miráis así?
¿Creéis que va a querer llevarme con él?
¡A mí no me importaría, pero como
soy tan torpe! ¡Siempre estoy metido
en líos y no sé salir de ellos!
Además... no sé hacer nada útil.

Quien así hablaba era la Lombriz
Eustaquio. Tenía miedo de que
le rechazaran por su torpeza y por
esa razón no había dicho nada,
pero desde luego hubiera dado
cualquier cosa —incluso su brazo
derecho, de haber tenido brazos—
por acompañar al profesor
Col en su aventura.

—Creo que te equivocas cuando dices
que no sirves para nada. Eres más útil
de lo que crees. Si tú no existieras,
las plantas tendrían problemas
para crecer.

—¿Está seguro de que habla usted de mí,
profesor?

—¿De quién, si no? Las lombrices excaváis galerías en la tierra. Removéis el terreno, y eso facilita que el agua de la lluvia y las sales minerales de las que se alimentan lleguen mejor a las raíces de las plantas. ¿Te das cuenta? Si las plantas pueden crecer, todos nos beneficiamos porque nos dan sombra, cobijo y alimento. Todo gracias a ti, Lombriz Eustaquio.

—¡Vaya! —sonrió, admirado, Eustaquio—. ¡Y yo sin enterarme!

—Pues ya lo sabes... ¡Ah, otra cosa! ¿Quién te ha dicho que no voy a llevarte conmigo?

Lo último que dijo el profesor le sonó a música celestial. Por primera vez alguien confiaba en él y esto le hizo sentirse muy feliz. De todos modos, quiso asegurarse:

—¿No le importa entonces que le acompañe?

—¡Claro que no! ¡Quién mejor que tú para ayudarme! Mientras yo busco en la superficie, tú puedes hacerlo bajo tierra.

—¡Es verdad! —exclamó entusiasmado Eustaquio—. ¿Cuándo empezamos, don Caracol-Col?

—Mañana mismo si no estás demasiado ansioso por comenzar —respondió este—. Oscurece y es mejor marcharnos a descansar. Si quieres, puedes pasar la noche en mi casa y así prepararemos nuestro plan de acción.

—¡Acepto encantado! —exclamó—.
Así, de camino, podríamos acercarnos
a la sastrería de mi primo el Gusano
de seda.

—¿Para qué? —preguntó el profesor—.
Perdona mi curiosidad, pero es que
tendríamos que dar un enorme rodeo
para llegar allí. No nos pilla de paso.

—Lo sé, pero necesito encargarle
una gabardina. Me la tendrá que hacer
a medida: ¡es muy difícil encontrarla
sin mangas!

—¿Tan necesaria es que no puedes
esperar a mañana?

—¡Es vital, profesor! —respondió
Eustaquio—. ¡Ningún detective que se
precie sale a la calle sin ella! Voy a
encargarle a mi primo una gabardina.

Todos, al escuchar aquella revelación,
tuvieron que hacer verdaderos esfuerzos

para no romper a reír. Don Caracol se
volvió de espaldas ocultando de este
modo una sonrisa que hubiera
humillado a Eustaquio.Y es
que, en el fondo, aquella
situación no dejaba
de tener gracia:
¡una lombriz
con gabardina!

—Como quieras —dijo don Col cuando
pudo dominarse—. Nos acercaremos,
pero te recuerdo que los mejores
detectives son precisamente aquellos
cuyo atuendo les hace pasar inadvertidos.

Dicho esto, emprendieron el camino
hacia el lugar donde acostumbraba a
pasar la noche don Caracol. Después
de comprar la gabardina para Eustaquio,
los dos se dirigieron al lugar elegido para
que don Caracol-Col instalase su casa.

El hogar del profesor no era demasiado grande, pero sí acogedor. Estaba decorado completamente en blanco: paredes, suelo, puertas, ventanas, mesas y sillas. Contaba con dos habitaciones.

En una de ellas había colocado don Caracol-Col su laboratorio-estudio repleto de libros, tubos de ensayo, archivadores, partituras de música...
Todo ello, eso sí, en perfecto orden.

—¡Caramba, profesor, esto sí que es un lugar encantador! —comentó Eustaquio.

—Me alegro de que te guste. Es una casita pequeña, como ves, pero a mí me agrada así.
Para llevarla siempre sobre mis hombros es muy cómoda —explicó el propietario de la vivienda.

En efecto, nuestro amigo mueve su
hogar continuamente y se detiene
donde más le apetece. Suele decir que
es la única manera de que no se le
olvide nada cuando sale de viaje.

—Ponte cómodo en el salón mientras
preparo algo de cena, Eustaquio.
¿Qué te apetece? —preguntó don Col.

—Nada. ¡Gracias, profesor! Solo
me alimento de tierra, ya sabe.

—¡Es verdad! No recordaba que
eres una lombriz. Pues si te aprieta
el hambre, no tienes más que salir
al jardín...

Eustaquio rió de buena gana con la ocurrencia de don Caracol. Lo del jardín era broma, estaba claro. ¿Para qué iba a necesitar un jardín en su casa el profesor si vivía en uno? Todo el bosque era un enorme jardín y, en medio, sobre una de las hojas más verdes de la planta más alta, había establecido su residencia esa noche.

Una vez que don Caracol-Col hubo cenado, se sentaron los dos amigos a charlar junto a la ventana.

—Empieza a refrescar, ¿no le parece, profesor?

—Así es, Eustaquio. A partir de ahora el frío irá en aumento y los alimentos escasearán. Por eso me preocupa que desaparezca lo almacenado en las despensas.

—¿Cree que tenemos un ladrón en la comunidad? —preguntó el ayudante.

—No sé... —dudó el sabio—. Resulta
todo tan extraño... ¡Me resisto a
creerlo! ¿Cómo puede alguien provocar
deliberadamente la muerte de sus
amigos en el invierno?

Llegados a este punto, ambos
permanecieron callados. La pregunta
del profesor había caído como una
losa sobre su ayudante.
Este rebullía nervioso en el sofá
tratando de encontrar las palabras
adecuadas para expresar
la impresión que le producía
el culpable.

—Muy fácil, don Col —acertó a decir finalmente—. Lo hace porque no tiene amigos. Debe tratarse de alguien a quien no le importe qué le ocurra a su prójimo. Alguien sin escrúpulos... Seguramente un grandísimo egoísta y un holgazán: ¡robarle a otro lo que le ha supuesto tantos meses de trabajo! ¡Convénzase! ¡No existe otra explicación!

Don Caracol se rascó la cabeza y luego colocó su mano derecha sobre la boca en actitud pensativa.

—Debe haber otra posibilidad —concluyó—. Puede que los robos no sean más que una cortina de humo.

—¿A qué se refiere? ¡No le comprendo, profesor! —preguntó la Lombriz.

—Pues que sospecho que el supuesto ladrón no busca quedarse con los alimentos, sino que persigue otra cosa...

Y eso es lo que debemos averiguar antes de que se salga con la suya.

—¡Cada vez le entiendo menos, don Caracol! Para mí resulta evidente que alguien ha pretendido ahorrarse el duro trabajo del verano. Es más... ¡apostaría a que la Cigarra tiene algo que ver con todo este asunto!

—¿Qué te induce a pensar eso? —quiso saber el sabio detective.

—Ya sabe, profesor: la Cigarra se pasa el día cantando y riendo. ¡No trabaja nada!

—No creo que sea culpable de esto. Es demasiado simple y vaga incluso para robar. No, Eustaquio, tengo la corazonada de que se trata de alguien mucho más astuto que lo tiene todo cuidadosamente planeado.

—Tal vez tenga usted razón. Por lo que he podido escuchar, han robado en todo el vecindario y no han dejado huellas ni pistas. Incluso a la Musaraña le han robado estando ella dentro de casa.

—¿Dentro de casa? ¡Eso sí que es interesante! —exclamó el profesor dirigiendo una mirada reflexiva al techo—. ¡Ya sabemos una cosa más, mi querido amigo: el ladrón es rápido, silencioso, tiene mucho cuidado de no dejar pistas y no teme que le descubran. Mañana pasaremos a saludar a doña Musaraña y le haré algunas preguntas —añadió—. ¿Sabes? Empieza a picarme la curiosidad. Este asunto se vuelve apasionante por momentos. Creo que a mi antepasado Carlos-Col le habría gustado.

—Y a su ayudante imagino que también
—dedujo Eustaquio.

—De eso no estoy tan seguro, porque
al buenazo del Castor Guason le gustaba
más construir diques en los ríos...
Al fin y al cabo, ese era su trabajo,
mientras que resolver casos era solo
una afición de tiempo libre compartida
con su amigo el detective, es decir,
con mi tío abuelo.
A propósito de tiempo...
¡Debe de ser tardísimo!

—¡Es verdad! Estamos tan a gusto aquí
que no nos hemos dado cuenta de que
hace varias horas que encendieron
las Luciérnagas del lago.

—Pues en ese caso, vámonos pronto
a dormir porque, de lo contrario,
mañana no estaremos en condiciones
de trabajar. ¡Buenas noches,
Eustaquio! —se despidió
el profesor.

—¡Buenas noches! ¡Que descanse usted bien, don Col!

—¡Gracias! Procura hacerlo tú también, que mañana será un día agotador.

Poco después todo quedó en silencio. La luna iluminaba la charca como un gran farol en el cielo. Sobre una hoja de nenúfar, la orquesta de Grillos vestidos de frac y el coro de Ranas iniciaban el gran concierto de la noche. La Araña tocaba el arpa.

2

La investigación

EL ruido ensordecedor
de las aves cantando obligó
a Eustaquio Lombriz a dejar el mullido
sofá donde había pasado la noche.
Notó cierto cosquilleo en el estómago
y decidió salir al exterior
en busca de un poco
de tierra que echarse
a la boca.

Cuando terminó su desayuno,
regresó a casa de su amigo creyendo
que aún no se había despertado,
pero se equivocaba; lo encontró
a medio vestir, tremendamente
excitado:

—¡Ha estado aquí! ¡Aquí mismo! —exclamó.

—¿Quién, profesor?

—¿Quién va a ser? ¡El ladrón! ¡Me ha robado! —continuó indignado.

—¿A usted?

—Sí. A mí. Al profesor Col.

—¿Y qué pudo robarle si no tiene más que libros en casa?

—¡Precisamente! Me despertó un sonido en la habitación-estudio. Creí que eras tú y te llamé. Como no respondías, me levanté y vi una sombra salir corriendo por la ventana.

—¿Pudo ver de quién se trataba?

—No. Solo alguien que trataba de escapar después de haber revuelto las estanterías. Y tú... ¿lo viste?

—Tampoco. Me llamó la atención, eso sí, un golpe que escuché como si alguien hubiera saltado con los dos pies juntos. Y luego unos pasos acelerados como de carrera rápida y corta. No sé de qué puede tratarse, pero a lo mejor le sirve de ayuda. A propósito... ¿Ha mirado si le falta algo?

—¡Claro! Es lo primero que he hecho y es curioso: poseo libros muy valiosos por su antigüedad que ha ignorado el ladrón; sin embargo, se ha llevado uno que solo tiene importancia afectiva...

—Déjeme adivinar, profesor: el libro que le han robado... ¿son las memorias de su antepasado el detective?

—En efecto. Las memorias de mi tío-abuelo. ¿Qué te parece?

—Que el ladrón se ha enterado de que vamos tras él y no desea que ese manuscrito nos dé alguna pista.

—¡Elemental, mi querido Eustaquio!
Es muy listo ese sinvergüenza, pero
lo atraparemos. ¡Vamos! Cogeré mi lupa
y veremos si ha dejado huellas.
Tengo una teoría que debo probar.

Ambos bajaron lentamente de la planta.
Don Caracol-Col arrastraba pesadamente
su casa. Se detuvo unas cincuenta
veces a descansar y murmurar entre
dientes: «¡Ya podían haber puesto
ascensor en esta planta! ¡Diantre!».

Cuando llegaron a tierra firme, el profesor pareció recobrar nuevos bríos, y su paso fue más ligero.

—¿En qué lugar escuchaste esos sonidos, Eustaquio? —preguntó.

—Más a su izquierda, profesor. ¡Venga! Le mostraré el sitio exacto.

Eustaquio se movió con cuidado delante del profesor para no borrar las posibles pistas. El profesor, tras él, lo miraba todo a través de su lupa.

—¡Ajá! —exclamó este último—. ¡Aquí está lo que buscábamos: huellas profundas! ¡Tenías razón, Eustaquio!

—Eso significa... —trató de deducir la Lombriz.

—Que, como sospechabas, el ladrón saltó directamente desde la ventana al suelo. No bajó por el tallo de la planta como nosotros. Luego tomó carrera,

¿ves las huellas? Están menos pronunciadas que las anteriores porque apenas apoya los pies. Llegan solo hasta el árbol; después, desaparecen, puede que en el aire.

—¡Ya lo tengo, don Caracol! ¡El ladrón puede volar! Por eso las huellas desaparecen. ¡Es un pájaro! ¿Y si el culpable fuera el Calamón?

—Lo dudo —corrigió el Caracol—. Es bastante torpe fuera del agua, además de grandullón. Por su tamaño es imposible que tuviera acceso a los lugares donde se produjeron los robos.

—Pero su color negro es un camuflaje perfecto: le hace parecer una sombra. Es evidente que por eso no pudo verlo usted, profesor.

—Cierto. Pero te olvidas de su pico rojo vivo y, sobre todo, de la mancha blanca que posee bajo la cola. Cuando intentó escapar me habría resultado fácil distinguirla. No, estoy seguro de que no fue él.

—Bueno... —concedió Eustaquio algo contrariado—, pues entonces lo hizo otro pájaro más pequeño, pero definitivamente dejemos claro que el sospechoso puede volar.

—Digamos que está dentro de las posibilidades que barajamos... —afirmó cauto don Caracol—. De todos modos, antes de descartar a otros animales me gustaría entrevistarme con doña Musaraña y con don Topo. No debemos precipitarnos.

El testimonio de ambos puede aclarar bastantes dudas.

—Bien. Pues pongámonos pronto en marcha para aprovechar el tiempo —dijo Eustaquio—. Sugiero que pasemos antes por casa de la Musaraña, que vive más cerca.

Efectivamente, la vivienda de la señora Musaraña no se hallaba muy lejos: a unos cincuenta metros de donde se encontraban, en la orilla, entre las raíces de un viejo castaño. Nuestros amigos encontraron a la propietaria sentada en la puerta, al sol.

—¡Buen día, doña Musaraña! —saludó el profesor—. ¿No trabaja usted esta mañana?

—¿Para qué? —respondió esta—. ¿Para que me lo roben de nuevo? ¡No, gracias! ¡Prefiero tomar el sol y descansar hasta que atrapen al ladrón!

—¿Y si no lo hacen? —preguntó
Eustaquio—. Usted es muy glotona y
necesita comer cada veinte minutos.

—Pues entonces moriré de hambre y
frío; lo prefiero a trabajar para que otros
se beneficien de mi esfuerzo. Además,
lo que más me molesta es que
se hayan burlado de mí robándome
delante de mis narices.

—¿No pudo ver al ladrón? —volvió a
preguntar Eustaquio muy en su papel
de detective. Cualquier dato que nos
pudiera dar sobre él podría sernos
de gran utilidad.

—Lo siento. No vi nada.
Fue tan rápido como
un rayo de luz.

—Cuéntenos cómo ocurrieron los hechos
—prosiguió el ayudante del profesor.

—¿Por dónde empiezo...? —quiso saber
doña Musaraña.

—Por el principio —respondió el
diligente Eustaquio—. Ya sabe: estaba
usted acostada cuando escuchó un
ruido sospechoso... ¡Lo de siempre
en estos casos!

Don Caracol-Col sonreía complacido
al ver a su ayudante llevar el asunto
de forma tan eficiente.

—Exactamente ocurrió como dices,
Eustaquio. Acababa de meterme en la
cama cuando escuché un ruido que me
sobresaltó. Me levanté y fui a ver qué
ocurría. Todo estaba en completo
desorden. Corrí a la puerta para intentar
descubrir al autor de esa fechoría, mas
no pude ver a nadie ni por la derecha ni
por la izquierda.

—¿Ni por arriba...? —dejó caer el
profesor Col, decidido a intervenir.

—¿Arriba del árbol? —se extrañó la
Musaraña—. ¿Cómo voy a mirar ahí,
profesor? ¿Es que alguien puede
escapar por el tronco
de un árbol?

—No es del todo imposible —explicó
don Caracol—. Hay animales que
pueden caminar e incluso correr
por los árboles, y, si estoy en lo cierto,
uno de ellos puede ser el sospechoso
que buscamos.

—Por ejemplo, un pájaro —creyó
oportuno aclarar Eustaquio.

—Lo dudo —corrigió don Caracol—.
Los pájaros no corren por los árboles;
se posan en ellos, que es distinto.

—Entonces, ¿es que ya ha descartado usted la posibilidad de que el culpable sea un ave? —indagó Eustaquio—. Antes creí haber entendido...

—Antes —le interrumpió don Caracol— no afirmé ni negué nada. Me limité a apuntar alguna de mis sospechas. Ahora, dos razones de peso me han llevado a esa conclusión: la primera es que los pájaros no tienen necesidad de subir a un árbol o saltar desde una planta al suelo si pretenden escapar de un perseguidor; les basta con salir volando. Además, en caso de hacerlo, no dejan unas huellas tan aparatosas como nuestro ladrón porque se posan suavemente en el suelo abriendo sus alas como si de un paracaídas se tratase. ¿No estás de acuerdo?

—Hasta el momento, sí —admitió el ayudante—. Pero esa es solo una de las dos razones, ¿cuál es la segunda?

—Iba a explicártelo ahora. El ladrón ha sido capaz de entrar en mi casa, en la de doña Musaraña y en la de don Topo estando nosotros dentro. Es algo muy arriesgado para un ave. Ninguna podría llevar a cabo algo así con garantías de éxito. No. Debe tratarse de alguien muy veloz y tan confiado en sus cualidades que no piense siquiera que pueden atraparlo.

—¿En quién recaen, pues, sus sospechas, profesor? —trató de averiguar doña Musaraña.

—Me inclino por la probabilidad de que se trate de un mamífero de pequeño tamaño —reveló.

—¿Un mamífero como doña Musaraña? —dijo Eustaquio tratando de pensar tan rápido como don Caracol.

—¡Calma! —se enfadó doña Musaraña.

—¡Se me ocurre una idea, Eustaquio!
Pero antes... vamos a hablar con don
Topo, ¿no decías que vive cerca?

—Sí. Bajo el nogal. A dos pasos.

—No, ya no vive ahí —intervino doña
Musaraña—, cambió de vivienda
poco antes de que empezaran
los robos.

—Eso sí que no lo sabíamos... —pensó
en voz alta el profesor.

—No lo sabe prácticamente nadie
—prosiguió doña Musaraña—. Por
el momento ha alquilado la casa
de la Comadreja, que se fue a vivir
con unos parientes. Así que somos
vecinos temporalmente porque,
como saben, doña Comadreja
vivía en la puerta contigua
a la mía.

—¿Sabe usted qué ha hecho con su casa don Topo? —preguntó don Caracol, intuyendo algo—. Debe de haber muchos interesados en quedarse con ella.

—¡Ya lo creo! Pero él me ha dicho que no tiene intención de venderla a ningún precio. Le tiene demasiado cariño porque la construyó con sus propias manos. Es muy grande, con muchas habitaciones y un sinfín de galerías que conducen a cualquier parte de la charca... o del bosque.

—¡Exacto! —exclamó don Caracol—. La casa de don Topo es muy interesante... para alguien que desee escapar en caso de peligro o que no le interese ser visto. Claro que, para eso, hay que conocer muy bien todas sus entradas y salidas.

—...Y si no me equivoco —discurrió de nuevo Eustaquio—, el ladrón, cuyo nombre empieza por *C*, conoce esta casa tan bien como el propio don Topo porque vive en ella.

—¡Excelente! Celebro que hayamos llegado a la misma conclusión, querido colega —confirmó el profesor—. Con esto tenemos el enigma prácticamente resuelto.

—¿A qué esperamos, entonces, para detener a la Comadreja? —solicitó Eustaquio.

—¿A quién? —preguntaron a dúo la Musaraña y el Caracol.

—A la Comadreja. ¡Está claro que es culpable!

—¿Quiere eso decir que ella es la autora de los robos? —preguntó doña Musaraña.

—Sí —confirmó, orgulloso, Eustaquio.

—No —negó el profesor.

—¿Cómo que no, don Col? —preguntó el ayudante, dispuesto a convencerlo a toda costa—. ¡Si está clarísimo! Atienda un momento, por favor: la Comadreja se entera de que don Topo quiere dejar su casa. Inventa unos parientes y finge ir a visitarlos al bosque de al lado. Luego alquila su vivienda a don Topo. Cuando este desocupa su casa del nogal, la Comadreja se instala en ella sin ser vista y permanece oculta saliendo solo para perpetrar sus robos. ¡Resulta un plan perfecto! Por un lado, recibe una cantidad por el alquiler y, por otro, se evita trabajar porque roba la comida de amigos y vecinos... ¿Quién podría culparla si la creían lejos de aquí? ¡Es lógico! Solo cometió un error, en mi modesta opinion: ¡no contó con la sagacidad de don Caracol-Col y su infalible ayudante: Eustaquio Lombriz!

—¡Admirable! ¡Qué inteligencia! ¡Bravo! ¡Magnífico! —vitoreó doña Musaraña.

—Ha sido fácil. Me limité a seguir los pasos deductivos que me señaló don Col. El mérito es suyo —dijo Eustaquio complacido.

—No, no. ¡Y mil veces, no! —bramó don Caracol, que había escuchado pacientemente el razonamiento de su amigo.

—¡Vamos! ¡No sea usted tan modesto, profesor: todos conocemos sus grandes cualidades! —recordó la Musaraña.

—¡No! ¡No es eso! Lo que pretendo decir es que la Comadreja no tiene nada que ver en este asunto, apostaría mi pipa —aseguró don Caracol—. Creo que te has precipitado de nuevo, Eustaquio. ¡No posees pruebas de lo que afirmas! Tu sospecha es solo razonable hasta cierto punto, pero no elimina otras posibilidades... Mi teoría es otra distinta.

—¿Tiene usted otra teoría, profesor?

—Sí. No tan bien fundamentada como la tuya, pero más concluyente.

—¿Cuál es? —preguntó, intrigado, su ayudante.

—Aún no puedo decir nada. Falta confirmarla. Pero creo saber quién es el ladrón y lo que pretende con sus robos. ¡Acompáñame! Necesito observar algo más de cerca.

Dieron las gracias
a la Musaraña
por su
colaboración
y se despidieron
de ella.

Eustaquio Lombriz miró a don Caracol.
Desconocía el razonamiento seguido
por el inteligente profesor, lento de
movimientos pero rápido de ideas.
Su admiración por él fue en aumento
cuando le vio caminar tan seguro de
sí mismo, sin alardes, hasta el corazón
del bosque. Le alcanzó antes
de que penetrase en la espesura.
Caminaron juntos, sin hablar, entre
las hayas y robles que apenas dejaban
pasar la luz. A veces se detenían
y el profesor buscaba algo entre
los matorrales tan sumido en sus
pensamientos que parecía hallarse
en otro lugar. Así transcurrieron varias
horas hasta que por fin...

—¡Lo encontré! —gritó de improviso.

—¿Qué encontró, profesor? —preguntó
Eustaquio.

—Ya lo sabrás en su momento, cuando
logre atar todos los cabos sueltos.
Ten un poco de paciencia. De momento,
te adelantaré que he dado con
la forma de atrapar al ladrón, pero
necesito tu ayuda.

—¡Cuente con ella! —respondió,
diligente, Eustaquio—. ¿Qué debo hacer?

—No es fácil lo que te voy a pedir:
para empezar, tendrás que ir
al bosque vecino...

—... a comprobar que, efectivamente, doña Comadreja se encuentra en casa de sus parientes y asegurarnos, de este modo, de que ella no es la persona que buscamos —prosiguió Eustaquio, a quien parecían habérsele despertado las entendederas.

—¡Elemental! ¡Me sorprendes gratamente, querido amigo!

—Es que he aprendido algunas cosas a su lado, profesor.

—Bien —prosiguió don Col—. Necesito que te des prisa, aunque ya sé que el otro bosque se encuentra alejado, tendrás que estar de vuelta antes del mediodía. Cuando vuelvas, escribe un cartel bien grande con un aviso de reunión para todos los vecinos de la charca. Los convocas al atardecer en el claro. Colócalo lo antes posible para que tengan tiempo de verlo todos.

Luego me esperas allí sin decir nada
a nadie de tu misión. Esto último
es importante. ¡Vamos, vete ya!
¡No pierdas ni un segundo!

Eustaquio desapareció bajo tierra.
Le resultaba mucho más cómodo
moverse allí y además quería pensar.
Bajo tierra era el único lugar donde no
le molestaría nadie.

Ciertamente le habían encomendado
una misión difícil de realizar, pero la
confianza que depositaba en él don
Caracol le daba ánimos. No podía
defraudarlo.

—¡Lo haré! —se dijo—. ¡Ya lo creo que
sí! Pero... ¿cómo?

Ahí residía la verdadera dificultad. La
prueba de fuego. Una lombriz no posee
pies para correr, ni brazos para saltar de
rama en rama, ni alas para volar...

—¿He dicho alas...? —exclamó—.
¡Claro que sí! ¿Cómo no se me ha
ocurrido antes? La Cigüeña, si mal no
recuerdo, viene todos los días a la charca
desde el pueblo. Para llegar aquí debe
atravesar el otro bosque porque como aún
no han llegado las lluvias
no ha podido formarse su laguna
temporal, mientras que la nuestra
es permanente. Iré a esperarla
y cuando aparezca le pediré que
me lleve con ella. No se negará,
estoy seguro, y si lo hace, será fácil
convencerla... ¡Le encantan las
habladurías! Accederá, gustosa,
a cambio de una buena historia
que contar a sus amigas las Urracas.

¡Figuraos, dirá, un ladrón en el bosque de la charca, al que atraparon gracias a mí!

Ocurrió tal como había previsto. Esperó al ave sobre un lirio de los pantanos. Cuando esta se presentó, le propuso el trato y llegaron a un rápido acuerdo. Se pusieron en camino inmediatamente. El despegue fue algo violento porque el ave zancuda no subió el tren de aterrizaje con la suficiente rapidez, rozando con él los arbustos cercanos, lo que la condujo, inevitablemente, a perder el equilibrio.

—¡Socorroooo! ¡Que nos estrellamos! ¡Haga algo! —gritaba Eustaquio, aterrado—. ¡Ay, Señor! ¿Quién me mandaría meterme a aviador?

Afortunadamente, la Cigüeña pudo enderezar el vuelo y aquel viaje no tuvo más incidencias.

—¿Queda mucho aún? —preguntó, minutos más tarde, el pasajero—. ¡Si continúo en esta postura, voy a terminar con lumbago!

La Cigüeña, con buen criterio, no le respondió. Hubiera sido fatal para Eustaquio porque viajaba en el pico de esta. El aprendiz de detective reparó en su gravísimo error. Miró hacia abajo y pensó: «¡Qué caída! ¡Si llega a abrir el pico para contestarme, no lo cuento!».

En esto andaban cuando comenzaron a descender. Tomaron tierra. Como desconocían totalmente el bosque, preguntaron por la dirección ocasional de la Comadreja a un conejo que acertó a pasar. Este les informó detalladamente.

Eustaquio le agradeció la información
y apretó el paso. Tardó seis minutos
exactamente en llegar al lugar indicado:
el tronco de un fresno. Preguntó si
había alguien asomando la cara por
un hueco abierto en la corteza y cuál no
sería su sorpresa al ver que la propia
doña Comadreja salía a recibirle y
le invitaba a pasar. Ya en el interior, esta
le explicó que, durante una temporada,
estaba cuidando a su hermana enferma.
Que no quiso alarmar a los buenos
amigos de la charca y que por ese
motivo les dijo, deliberadamente,
que iba solo de visita.

Nuestro detective, por su parte, narró
lo ocurrido en el vecindario desde su
ausencia, la investigación y el motivo de
aquella visita. Pidió disculpas por haber
dudado de la honorabilidad de una
criatura tan encantadora como ella
y salió apresuradamente para cumplir
el segundo encargo del profesor Col.

Regresó junto a la Cigüeña, que le
esperaba en la pista de aterrizaje.
Una vez a su lado confesó:

—Ahora es cuando menos lo entiendo...
Si doña Comadreja ha permanecido todo
el tiempo aquí... ¿quién será el ladrón?

Tras un vuelo rápido y sin contratiempos
se encontraron de nuevo en la charca.
Allí, el aprendiz de detective prometió
a su compañera de viaje contarle
en primicia el desenlace de la aventura.
Luego puso manos a la obra para
cumplir el último tramo de su misión.
Tomó los pinceles y escribió una
convocatoria de reunión. Cuando
terminó el cartel —una auténtica obra
de arte—, lo colocó en el centro del
claro, justo en el sitio más visible.
Finalmente, agotado por tantas
emociones, se recostó en un tejo,
a la sombra de sus frondosas ramas.
Allí aguardó la caída de la tarde.

3

La trampa

A Eustaquio Lombriz acabaron por despertarle el fresco de la tarde y un murmullo de voces nerviosas:

—¿Sabéis para qué es la reunión? ¡Con la de cosas que me quedan por hacer! —dijo alguien—. Solo espero que no me hagan perder el tiempo.

—Lo importante es que tengamos
calma y no empecemos a enfadarnos
unos con otros como siempre.

El ayudante del profesor trató de calmar
a todos los congregados y disculpó
el retraso de don Caracol-Col.

—¿Pero es que ya ha atrapado
al ladrón? —preguntó la Libélula.

—Lo dudo —dijo, socarrón,
el Saltamontes—. Teniendo como
ayudante a la Lombriz, es difícil
que descubra algo.

—¡Vamos, señor Saltamontes!
No empiece y discúlpese
antes de que nos
ocurra lo del otro día
—zanjó la Culebra.

Unos minutos más tarde aparecieron don Caracol y don Topo muy contentos, charlando animadamente. El profesor se detuvo en el centro del lugar de reunión y habló dirigiéndose a los presentes:

—¡Mis queridos amigos, qué alegría encontraros a todos! Veamos —miró alrededor—: ¡Creo que no falta nadie! Así que puedo explicaros ya el motivo de esta cita.

Antes de revelar nada se acercó a Eustaquio, apartándolo de los demás con una mirada de complicidad.
Se dirigió a él en voz baja:

—Veo que has cumplido a la perfección lo que te encomendé y aún te ha sobrado tiempo. ¡Eres el ayudante perfecto, Eustaquio!

A continuación bajó la voz aún más y preguntó sin que nadie pudiera escucharle:

—¿Qué has sacado en claro de tu visita
a doña Comadreja?

—Que tiene una coartada perfecta
—respondió su colaborador—. Y si me
permite una observación personal, no
creo que un animal tan encantador
como él pueda hacer mal a nadie.

—¡Perfecto! —exclamó—. ¡Tal como
imaginaba! Eso lo aclara todo.

—¿Qué va a hacer ahora, profesor?
¿Qué se propone? —preguntó Eustaquio,
ansioso por saber.

—¡Paciencia, amigo! Tú ya has cumplido
la parte que te correspondía. ¡Deja esto
en mis manos, y oigas lo que oigas no
reveles a nadie lo que sabes!
¿Estás de acuerdo?

Eustaquio asintió
con la cabeza y
regresó al grupo.

Don Caracol alzó de nuevo la voz,
dirigiéndose a los presentes:

—Queridos vecinos y amigos: como
trataba de explicaros, os he reunido aquí
para comunicaros una agradable noticia.

—¡Que ya ha atrapado al ladrón! —gritó
alguien sin dejarlo concluir.

—¡Eso! ¡Viva don Caracol! —vitoreó
otro de los presentes.

—¡Desde luego, no hay quien pueda con
el profesor! —concluyó la Salamandra.

—No. No se trata de eso —disimuló don
Caracol, bajando los ojos en actitud de
pedir disculpas—. Al ladrón no he
podido atraparle porque es demasiado
listo para mí. Nunca sabremos de quién
se trata.

Un ¡Oooh! de desencanto se escapó de
entre los labios de los presentes.

Solo alguien entre ellos trataba de
ocultar una sonrisa maliciosa.

—Os he convocado para otra cosa
—prosiguió—. Quería invitaros a una
fiesta.

—¿Cómo puede pensar en fiestas,
profesor? —dijo el Ratón.

—¡Tiene razón! ¿Cree que vamos a
divertirnos estando el invierno tan cerca
y las despensas vacías por culpa de ese
ladrón? —habló el Saltamontes.

—¡Un momento, por favor! —solicitó don
Caracol—. Estamos todos un poco
obsesionados por ese asunto. Si nos
alegramos un poco, a lo mejor vemos
las cosas desde otro punto de vista.

—Es posible que no sea una mala idea...
—sugirió don Topo, en complicidad con
el profesor.

—Pensándolo bien, a mí me gustaría
escuchar algo de música y bailar —dijo
la Culebra.

—¡Ah, la música! ¡Cómo la echo de
menos! —se lamentó la Salamandra—.
Desde que empezaron los robos,
apenas si he podido escuchar
el concierto nocturno de los Grillos.
¡Estaba tan preocupada porque no me
desapareciera mi vestuario nuevo!
¡Me costó una fortuna!

—Entonces... —insistió don Caracol—
no existe ningún impedimento para
celebrar la fiesta. ¿A qué esperamos?
¡Empecemos ahora mismo!

—¡Bravo! ¡Estupendo! —gritaron todos
a coro.

—Se me olvidaba lo más importante
—prosiguió el profesor—: decir que el
festejo es en honor de mi buen amigo
don Topo, el cual acaba de venderme
su casa.

—¿Qué ha dicho? —tronó una voz
irritada entre las risas y canciones—.
¿Que le ha vendido su casa?

Quien así hablaba, con voz de pito,
era doña Musaraña.

Todos los allí reunidos callaron al oír
su voz, intuyendo un nuevo problema.

—Sí, me la ha vendido, y a un buen
precio —le contestó don Caracol.

—¡No puede ser! ¡Es imposible! Me prometió que me la vendería a mí si se decidía a hacerlo. ¡Me ha engañado! ¡Es usted un mentiroso, don Topo, y ha faltado a su palabra! —refunfuñó doña Musaraña.

El profesor Col pareció preocuparse por esta circunstancia que, al menos aparentemente, desconocía. Después, ante el silencio reinante, preguntó:

—Y yo... ¿qué? ¡También me ha dado su palabra a mí! —pareció indignarse el sabio detective.

—Tiene razón... —medió Eustaquio.

—¡Pero a mí me la dio antes! —volvió a observar la Musaraña.

—Bueno, bueno, tengamos calma. Si queremos ser justos, hay que decir que ambos llevan razón —trató de conciliar don Topo—. Por eso se me ha ocurrido una idea, aunque vas a tener ventaja.

—¿Cuál es esa idea? —quiso saber ella.

—Una carrera. Quien gane de los dos se quedará con la casa.

—¿Entre él y yo? —rompió a reír doña Musaraña—. ¡Debe haberse vuelto loco! ¡Incluso con los pies juntos podría ganar a don Caracol! ¡Todos saben que soy más veloz!

—¡Eso es injusto, don Topo! —gritaron los presentes—. Don Caracol perderá. ¡No tiene nada que hacer frente a ella!

—Un momento —solicitó don Topo—. Es lógico que doña Musaraña tenga alguna ventaja puesto que a ella le prometí la casa antes que a don Caracol. Además, aún no ha hablado el más interesado de todos. ¿Usted qué opina, don Caracol?

—No estoy de acuerdo, la verdad —respondió este con evidente disgusto—. Pero si es la única solución, aceptaré. Solo pongo como condición que doña Musaraña no pueda subir a los árboles. Tendrá que correr sobre tierra firme.

—¿Solo eso? —se alegró ella—. Entonces ganaré igualmente. La casa será para mí.

—¡Eso ya lo veremos! —desafió el profesor.

—¡Está bien! —concluyó sonriente don
Topo, limpiándose las gafas—. Si
estamos todos de acuerdo, la carrera
será mañana al amanecer. Y ahora...
¡Todo el mundo a descansar!

Esa noche ni siquiera hubo concierto.
Todo el vecindario estaba excitadísimo
por la competición. ¡No se perderían la
carrera por nada del mundo! Aunque
sabían que la Musaraña era mucho más
ágil, el respeto que les inspiraba don
Caracol-Col mantenía una razonable
duda sobre el resultado final.

¿Se dejaría vencer tan fácilmente el profesor? Había algo extraño en su actitud... Y aquellos que lo conocían bien sabían que tramaba algo.

La mañana siguiente se desperezó
con más ruido que nunca.
El Cuco se equivocó, impaciente,
y cantó la hora antes de tiempo;
el Saltamontes salió a la calle
sin pantalones y tuvo que volver
avergonzado ante las risas
de la Libélula. Don Topo
tropezó y cayó tres veces,
incluso con las gafas puestas...
¡En fin! ¡Un auténtico caos!

Desde luego, había razones más que
sobradas para ello. Como Eustaquio
acertó a decir: era la lucha entre la
rapidez y la lentitud físicas, entre la
astucia más alocada y la sabia
tranquilidad de don Caracol.
¿Quién ganaría? Había opiniones para
todos los gustos. Lo cierto es que nadie
faltó a la cita. A la hora fijada se
encontraban todos en la línea de salida,
es decir, en el bosque de hayas.
Había que atravesarlo, dar una vuelta
a la charca y terminar en el claro,
donde estaría la línea de meta.

Don Topo fue el encargado de dar
la orden de salida bajando el pañuelo que
sostenía en alto: «¿preparados?»,
«¿listos?», «¡YA!».

Don Caracol-Col tardó en reaccionar,
y para cuando lo hizo, doña Musaraña
se había perdido en la espesura.

—¡Vamos, profesor! ¡No se deje ganar
por esa presuntuosa! —gritaba
furioso Eustaquio, que decidió,
después, seguir la carrera bajo tierra.

Por su parte, los demás volaron,
saltaron y corrieron de árbol
en árbol para llegar a la línea
de meta y aguardar al vencedor.

—¿Se ve a alguien? —dijo la Salamandra
a la Libélula, que llevaba un rato
esperando sobre una flor de nenúfar.

—Aún no, pero doña Musaraña no
tardará mucho. ¡Iba rapidísima! Está claro
que ella será la vencedora.

—¡Seguro! Y es una lástima, porque
don Caracol es tan amable,
tan simpático, tan... buen animal, que me
alegraría mucho su victoria —volvió
a comentar la Salamandra.

—No sueñes, querida —la desengañó
doña Libélula—. Sabes que es imposible.
El profesor es muy inteligente,
pero también lento en exceso.
Lo suyo no es la velocidad, desde luego.

—¡Psss! ¡Silencio, chicas! —llegó diciendo el Saltamontes—. ¡Ahí viene alguien!

Efectivamente, entre los matorrales que rodeaban el pequeño claro se abrió paso una figura que dejó atónitos a todos los presentes. En medio del silencio reinante, cruzó la línea de llegada y dijo con absoluta frialdad:

—¿Y doña Musaraña? ¿Aún no ha llegado?... Pues en ese caso —añadió— creo que he ganado.

Don Caracol-Col, de manera
incomprensible, se había impuesto a la
Musaraña. Esta apareció unos segundos
más tarde, jadeante, empapada en
sudor, creyéndose vencedora.
Su sorpresa fue aún mayor que
la decepción de encontrar
a don Caracol rodeado
y aclamado por todos
en la meta.

—¿Có... cómo es posible?
—balbuceó—. ¿Usted aquí? ¡No puede ser! ¡Seguro que ha hecho trampa! ¡Nadie puede vencerme en una carrera!

—¡Por favor! ¡No seas mala perdedora! —le recriminó la Culebra—. Don Caracol no suele engañar a nadie y, mucho menos, hacer trampas. Te ha ganado limpiamente y debes reconocerlo.

—¡Mentira! —exclamó histérica—. Todo el mundo sabe que soy más rápida y ágil que él. ¿Cómo va a ganarme el más lento de todos los animales?

—Pues lo ha hecho —intervino don Topo tan pronto como llegó a su altura—. Y la casa es suya. A no ser que demuestres que ha hecho trampas.

—¡Ya lo creo que lo demostraré! —refunfuñó decidida—. ¿Veis todos cómo sudo? ¡Pues don Caracol no lo hace! ¿Queréis saber por qué no suda?

Os lo voy a decir: ¡porque no ha corrido!

—¿Adónde quiere ir a parar, doña Musaraña? —intervino Eustaquio—. Está claro que, si no hubiera corrido, no habría llegado de ninguna manera antes que usted a la meta.

—¡Sí existe una manera! —interrumpió la Musaraña—. ¡Bajo tierra! Ha venido todo el tiempo caminando bajo tierra, por eso no he podido verlo en ningún momento aunque he ido mirando hacia atrás.

—¡Bajo tierra! ¡Es absurdo lo que dice! ¡De esa forma hubiera tardado mucho más! —concluyó el aprendiz de detective.

Los presentes confirmaron sus palabras. Don Caracol no podía haber caminado bajo tierra porque no poseía garras para excavar galerías como don Topo, ni el cuerpo blando y resbaladizo para introducirse en los respiraderos de las plantas como el propio Eustaquio Lombriz.

El enfado de la Musaraña fue creciendo a medida que la acusaban de mala perdedora y de intentar vencer con mentiras. Por fin no pudo contenerse más y exclamó:

—¡Estoy diciendo la verdad! Se puede llegar antes bajo tierra, por las galerías que tiene en su casa don Topo. Don Caracol entró por el pasadizo del abedul,

al comienzo del bosque de hayas, y salió
junto a la casa de don Lagarto, después
volvió a entrar en otro túnel que pasa
por debajo de los álamos y de la charca
hasta el castaño. Allí no tuvo más que
salir por la puerta trasera de don Topo
en los matorrales y, apartándolos, llegar
hasta el claro donde estaba la meta.
¡Es muy fácil y no se tarda
apenas nada!

Todos los habitantes de la charca se
quedaron mudos de asombro: ¿podía
ser verdad lo que estaba diciendo? Don
Topo y don Caracol se miraron
sonrientes... Eustaquio vio en ese gesto
la solución del caso. Acabó de
comprenderlo todo:

«¡Claro! —pensó—. ¡Tenía que ser ella!
¿Quién, si no?».

—¡Caramba! ¿Y tú cómo sabes eso?
—preguntó don Topo—. Para no haberte
invitado nunca, conoces los pasillos
de mi casa mejor que yo mismo.

—Es que... —tartamudeó, nerviosa,
doña Musaraña—. Entré un día por
equivocacion —mintió.

—¿Por equivocación? ¡Yo no diría eso!
—la desenmascaró don Caracol—.
Creo que conoces muy bien la casa
de don Topo porque la has venido
utilizando, desde que no está su dueño,
para robar sin que te descubran.
¡Tú eres el ladrón que andamos
buscando!

—¡Eso es falso! ¡No puede acusarme
de una cosa así! —trató de defenderse
la Musaraña.

—¡Sí que puedo y voy a demostrarlo!
Ayer por la tarde llegué con retraso a la
reunión para asegurarme de que no
estarías en casa. Fui en busca de don
Topo y le pedí que me acompañara para
confirmar mis sospechas.
Los dos entramos en tu casa
y descubrimos todo lo que has ido
robando durante este tiempo. Don Topo
no me ha vendido su casa,
ni se la vendería
a nadie...
Era solo
una treta
para
obligarte
a confesar.

La indignación de todos los animales
creció y, sin que esta se diera cuenta de
ello, fueron situándose alrededor de la
ladrona para impedir su huida, mientras
don Caracol-Col continuaba hablando:

—Entre los dos tramamos lo de la carrera. Cuando comenzó, don Topo me condujo por sus galerías hasta la línea de meta. Precisamente siguió el mismo camino que tú has explicado.
Lo que ocurrió después ya lo saben todos. Ahora... ¿por qué no confiesas que lo hiciste tú y devuelves lo que has robado a sus dueños?

La desafortunada Musaraña se echó a llorar. Explicó a todos que no quería causar mal a nadie; que solo pretendía quedarse con la casa de don Topo y que robando todas las provisiones del vecindario, este se vería obligado a vendérsela a cambio de algo de comida y leña seca para el invierno.
Después repartiría lo robado entre los vecinos y haría una fiesta.

Reconoció que no era honrado lo que pretendía hacer y pidió disculpas:

—¡No lo volveré a hacer, de verdad! No intentaré robar nunca más y tampoco desearé quedarme con la vivienda de otro. Amigos —suplicó—, ¿podréis perdonarme algún día?

—Creo —le respondió Eustaquio, erigiéndose en juez— que te equivocaste, fuiste muy egoísta y te mereces un castigo ejemplar, pero es mejor no ser rencorosos. Si devuelves lo que robaste y te comprometes a ayudar siempre a quien lo necesite durante el invierno, estoy seguro de que todos te perdonarán. Intenta ser una buena vecina y amiga de todos. Con eso nos daremos por satisfechos.

Aquello acabó mejor de lo que había empezado unos días antes. Doña Musaraña, avergonzada, dio las gracias a todos por su comprensión y se comprometió a hacer lo que le habían pedido.

Esa noche se
celebró una magnífica
fiesta de reconciliación
con farolillos y orquesta.
Los invitados de honor fueron
don Caracol-Col y su ayudante,
Eustaquio Lombriz, que habían
demostrado ser unos excelentes
detectives.

—Confieso que estaba equivocado
contigo —le dijo don Saltamontes
a Eustaquio en un momento de
la fiesta—. ¡Eres menos torpe
de lo que pensaba!

Aquella frase que provenía de su
encarnizado enemigo fue para
Eustaquio, más que una ofensa,
un auténtico halago.

El propio Eustaquio se dio cuenta de que se había operado un cambio importante en él y fue consciente de que todo se lo debía a don Caracol-Col, por eso aprovechó para hablar con él cuando este se libró por unos momentos de sus admiradores.

—Profesor... ¡Por fin lo encuentro! —le dijo—. Quería felicitarle por la estratagema: dio resultado;
y también deseaba darle las gracias por permitir que le acompañara...

—¡No se merecen! En todo caso debería ser yo quien agradeciera tu inestimable colaboración. Sin ti no hubiera podido resolver el caso. Si alguna otra vez necesitara un ayudante, no lo dudaría ni un segundo: iría en tu busca.

Eustaquio sonrió feliz. Afortunadamente todo había salido perfectamente. Solo había algo que no lograba entender y le molestaba: cómo supo don Caracol, desde el principio, que doña Musaraña era la ladrona...

—¡Elemental, querido colega! —le aclaró el profesor—. Porque había huellas de Musaraña al pie de mi casa y en la entrada a las galerías de don Topo. Las analicé con mi lupa y descubrí que pertenecían a doña Musaraña. ¡Fácil! ¿Verdad? Pero lo que no podíamos hacer era investigar en su casa para encontrar lo robado. Lo podía tener escondido en otra parte y entonces nuestra investigación solo hubiera servido para ponerla en guardia. Además, era preferible para ella y para todos que terminase por confesar por sí misma.

—¿Y por qué no me lo dijo antes? —se molestó un poco Eustaquio.

—Porque no estaba seguro del todo. Las huellas podían ser de otra Musaraña, ¿no te parece?

Eustaquio hizo una mueca de asombro. Se encogió de hombros y, tras despedirse del profesor, continuó disfrutando junto a sus amigos de la primera fiesta que se celebraba en su honor.

Fin

alta mar

Taller de lectura

Don Caracol
Detective

Primera parte

El cuento de don Caracol te presenta las aventuras del bosque y de los animalitos que viven allí. ¿Te gustaría pasar unos días con ellos? Pues ya lo has logrado al leer sus historias, porque leer es una oportunidad para imaginar y para vivir aventuras estupendas desde las hojas de los libros.

Ahora recordaremos, jugaremos y fantasearemos con lo que sucede en el libro. Para situarte bien tienes que recordar que el autor, José Francisco Viso, ha dividido la obra en tres partes. Vamos a empezar por la primera. ¿Sabes que la primera parte, la que presenta un cuento o una historia, se llama introducción? ¿Qué te parece si llamamos a esta primera parte, o introducción, *Don Caracol y sus amigos de la charca?*

1. Don Caracol y sus amigos

1.1. En esta primera parte, el autor nos ha presentado varios personajes, simpáticos y curiosos animalitos del bosque. A continuación tienes una lista con varios nombres. Tu acierto consiste en subrayar los que intervienen en este cuento.

Don Caracol	Señor Eustaquio
Bambi	Doña Salamandra
Blancanieves	Don Sapo
Doctor Búho	Musaraña
Libélula	El Gato con botas
Pinocho	Caperucita

2. Elegimos

2.1. Al leer el libro te has dado cuenta de lo que sucede en el cuento, de la preocupación que tienen los personajes del bosque. A continuación tienes seis propuestas; elige las que responden a la historia de don Caracol.

1. Los animales del bosque están preocupados porque alguien les quita la comida que han recogido para el invierno.

2. Don Caracol y el señor Eustaquio están dispuestos a descubrir quién es el ladrón.

3. Los habitantes de la charca son el tigre y el león.

4. El Topo es miope y lleva gafas.

5. El aliso y el álamo gris son plantas.

6. Al final de la primera parte de la introducción aparece la luna en el cielo como un gran farol.

Corresponden al cuento los números:

....

3. Jugamos con las palabras

3.1. ¿Te has fijado que a don Caracol le llaman don Caracol-Col? Vamos a jugar con otros nombres, por ejemplo: Lombriz-briz.

Continúa con los siguientes:

Saltamontes → ....

Sapo → ....

Libélula → ....

Salamandra → ....

3.2. Ahora la combinación es de esta otra manera: Caracol-Ca-Col.

Culebra → ....

Musaraña → ....

Libélula → ....

Salamandra → ....

4. De detective

4.1. ¿Has tenido en alguna ocasión gusanos de seda? ¿Has visto cómo se transforman? ¿Sabes que comen hojas de morera? Cada gusano prepara, teje su capullo, se queda dentro y después de un tiempo sale convertido en mariposa.

En el cuento, don Gusano de Seda es el sastre, y el señor Eustaquio le pide que le haga una gabardina. Descubre por qué y cuéntalo.

....

....

4.2. Ya que haces de detective, te toca descubrir el significado de las palabras siguientes:

Acuático ....

Óptico ....

Sabio ....

Reptil ....

Luciérnaga ....

Arpa ....

Frac ....

Hojarasca ....

Y ahora tienes que ponerlas por orden alfabético:

1. Acuático   5. ....

2. ....   6. ....

3. ....   7. ....

4. ....   8. ....

4.3. También vas a buscar en la primera parte del cuento palabras esdrújulas; por ejemplo: óptico, acuático. Añade otras:

....

....

....

....

¿Has encontrado *luciérnaga?* ....

Segunda parte

Nos adentramos en la segunda parte. ¿Recuerdas que se llama el nudo? Sí, la parte central de un cuento o de una historia es el nudo, y en este cuento coincide con la segunda parte.

Vamos a seguir de cerca la investigación de don Caracol-Col y de su ayudante, el señor Eustaquio. Ellos van por buen camino, siguen buenas pistas, así que tú…, con ellos tras las huellas.

¿Preparado? ¿Necesitas lupa?
¡Adelante!

1. La investigación

1.1. Don Lombriz duerme, descansa y desayuna para poder hacer un buen trabajo y colaborar a fondo con don Col. ¿Qué es lo más importante que tienen que hacer?

....

....

Un detalle: ¿recuerdas en qué consiste el desayuno de don Lombriz? ¿Qué toma?

....

....

1.2. Las pistas que tienen don Col y don Lombriz parecen indicar que el ladrón es un pájaro, pero luego don Lombriz considera que es la Comadreja, mientras que don Col tiene otra teoría, cree que es un .... pequeño.

Para ayudarles tú, ¿qué les dirías? ....

....

....

2. Imaginación y colaboración

2.1. Para poder trabajar en equipo don Col y el señor Lombriz, Eustaquio, tienen que tener mutua confianza, colaborar y compenetrarse. Así avanzan en sus deducciones y llevan adelante el trabajo que les han encomendado.

¿A ti te gusta trabajar en equipo? ¿Por qué?

....

....

....

....

2.2. Primero piensa, luego responde: ¿has hecho alguna vez de detective? Inventa y explica un caso en el que tengas que hacer de detective y señala quién querrías que fuera tu ayudante.

....

....

....

2.3. Sigue inventando. Si tuvieras alas y te convirtieras en pájaro:

¿Adónde te gustaría ir? ....

¿Con quién? ....

Recuerda que doña Cigüeña lleva al señor Lombriz.

Supón que volando ves una librería en la que te invitan a coger dos libros. ¿Cuáles seleccionas? Escribe los títulos:

1. ....

2. ....

2.4. Ya has descubierto que es necesario que nos ayudemos. Todos lo sabemos, aunque no siempre lo hacemos. Señala cómo colaboran en el cuento la Cigüeña y la Comadreja.

....

¿Y don Col y Eustaquio? ....

....

....

¿Y don Topo y doña Musaraña? ....

....

Tercera parte

Luz verde al final. Estamos en la tercera parte del cuento, en el desenlace. En ella está la solución. Así podemos llamarla, tercera parte: la solución.

Tras las oportunas averiguaciones de don Col y Eustaquio se descubre al culpable y se disculpa su acción, se perdona a doña Musaraña a cambio de que no lo repita y que se dedique a ayudar a los demás.

1. Decisiones

1.1. Comenta si es correcto o está equivocado este planteamiento:

Don Caracol-Col es un personaje importante, le ayuda el señor Lombriz, que se llama Eustaquio, y juntos descubren que doña Musaraña coge la comida que tienen guardada otros animales para la época fría del invierno.

¿Qué añadirías?

....

....

1.2. Don Caracol es un personaje bueno, fundamental en el cuento, y podemos llamarle protagonista.

¿Es correcto? ....

¿Por qué? ....

....

¿Qué otros personajes recuerdas?

....

....

....

....

2. Palabras y expresión

2.1. Hay una expresión que dice: *Se gana más con una gota de miel que con una arroba de vinagre.* Explica su significado.

Pues don Col cumple con esta máxima al decirle a don Lombriz que es un ayudante perfecto.

¿Te han dicho a ti alguna vez algo que te anima y te ayuda a esforzarte? Coméntalo.

2.2. ¿Conoces el refrán *Se pilla antes a un mentiroso que a un cojo?* ¿Puedes aplicárselo a la Musaraña? ¿Por qué? ....

....

Seguro que conoces otros refranes. Escribe alguno.

....

....

....

2.3. ¿A punto para empezar un concurso? Atención. Busca palabras que sean compuestas, es decir, que estén formadas por dos, por ejemplo:

Cascanueces (casca-nueces)
Caradura (cara-dura)
Sacacorchos (saca-corchos)

¿Quién va a encontrar más? En marcha.

....

....

....

3. Despedida

3.1. Prepara un diploma de honor para don Caracol-Col en agradecimiento por la tarea detectivesca realizada. Dibújalo y escribe lo que corresponde.

3.2. Sigues de artista. Haz un dibujo de los trajes de gala que van a llevar los dos animales del cuento que te resultan más simpáticos. Recuerda que la fiesta es en honor de don Caracol y Eustaquio.

3.3. Y ya solo un detalle para el punto final. ¿Cómo te gustaría que se llamara este cuento si no tuviera título? Invéntalo.

....

....

....

....

Y colorín, colorado —elemental, amigos—, el cuento y su juego han terminado.

Índice

Series de la colección

Aventuras

Ciencia Ficción

Cuentos

Humor

Misterio

Novela Histórica

Novela Realista

Poesía

Teatro

Últimos títulos

A partir de 8 años